Bibliografische Information der Deutschen Nationalbibliothek:

Die Deutsche Bibliothek verzeichnet diese Publikation in der Deutschen National-bibliografie; detaillierte bibliografische Daten sind im Internet über http://dnb.d-nb.de/ abrufbar.

Impressum:

Copyright © 2015 GRIN Verlag, Open Publishing GmbH
Druck und Bindung: Books on Demand GmbH, Norderstedt Germany
ISBN: 9783668538269

Dieses Buch bei GRIN:

http://www.grin.com/de/e-book/374741/fitnessoekonomie-verkaufsmanagement-selbstkonkordanz-verkaufscontrolling

Sarah Andrina Heimann

Fitnessökonomie. Verkaufsmanagement, Selbstkonkordanz, Verkaufscontrolling, Führungsprinzipien in der Fitnessbranche

GRIN Verlag

GRIN - Your knowledge has value

Der GRIN Verlag publiziert seit 1998 wissenschaftliche Arbeiten von Studenten, Hochschullehrern und anderen Akademikern als eBook und gedrucktes Buch. Die Verlagswebsite www.grin.com ist die ideale Plattform zur Veröffentlichung von Hausarbeiten, Abschlussarbeiten, wissenschaftlichen Aufsätzen, Dissertationen und Fachbüchern.

Besuchen Sie uns im Internet:

http://www.grin.com/

http://www.facebook.com/grincom

http://www.twitter.com/grin_com

Deutsche Hochschule für
Prävention und Gesundheitsmanagement
Saarbrücken

Einsendeaufgabe

Fachmodul: Verkaufsmanagement

Studiengang: Fitnessökonomie Bachelor of Arts

Datum
Präsenzphase: 19.01.2015 – 21.01.2015

Name, Vorname: Heimann, Sarah Andrina

Studienort: **Leipzig**

Semester: **Sommersemester 2014**

Inhaltsverzeichnis

Tab.1: Klassifizierung/ Einordnung des Ausbildungsbetriebs

Name der Anlage und Standort (Stadt/Gemeinde):	Dessau-Roßlau
	Klassifizierung / Einordnung
Anlagenstruktur:	Gemischtes Studio
Größe der Anlage:	< 300 qm
Preisstruktur der Anlage:	30,00 € bis 59,99 €
Beschreibung der Kernleistungen:	– Gerätegestütztes Kraft- & Ausdauertraining mit personeller Betreuung – Jazz- und Ballettschule – Gymnastik- und Yogakurse

1 EA: Verkaufsmanagement

1.1 13 Stufen des Verkaufs

Tab 2.: Begrüßung im Verkauf

Stufe 1-3	Anwendung im Betrieb
Stufe 1: Vorbereitungsphase	Der V. bereitet sich mental auf das Kundengespräch vor. D.h., er ist mit den Grundlagen des Verkaufs vertraut und sich seiner Rolle als V. inhaltlich bewusst. Des Weiteren werden benötigte Unterlagen wie Notizen über den Kunden, Verträge sowie andere nötige Utensilien bereit gelegt, um bestmöglich vorbereitet zu sein.
Stufe 2: Kontaktaufnahme	Der V. begrüßt den K. freundlich, nennt hierbei seinen Namen und schüttelt ihm die Hand (im Empfangsbereich). Anschließend stellt er sich selbst kurz namentlich vor und erläutert seine Funktion. Der K. wird dann höflich gebeten am Tresen Platz zu nehmen. Blickkontakt zum K., eine freundliche und aufgeschlossene Gestik und Mimik, aber auch eine selbstbewusste Körperhaltung werden vom V. beachtet.
Stufe 3: Aufbau einer persönlichen Beziehung	Schräg gegenüber sitzend fragt der V. den K. freundlich nach seinem Wohlbefinden und ob seine Anreise problemlos verlief. Des Weiteren wird erfragt ob der K. bereits Erfahrungen im Bereich Sport hat. Eventuell werden „Gimmiks" (sichtbare Gesprächsaufhänger) eingesetzt um über positive Themen zu reden. Somit wird die Beziehung zum K. gestärkt und es wird versucht IHN reden zu lassen.

Tab. 3: Bedarfsanalyse im Verkauf

Stufe 4	Anwendung im Betrieb
Stufe 4: Bedarfsanalyse	Der V. möchte die bewussten und unbewussten Bedürfnisse des K. herausfinden und setzt hierfür die SPIN Methode ein (siehe Erläuterung). Bestimmte Fragetechniken werden hierbei angewandt und der V. macht sich Notizen. Ein Anamnesebogen wird zusammen mit dem K. ausgefüllt. Wichtig ist hierbei, dass man dem K. aktiv zuhört und ihn mehr reden lässt als man selbst. Auf den Antworten basierend stellt der V. weitere Fragen und hält sich mit seinem Redeanteil zurück. Einwände sollen erkannt und vermieden werden, weswegen der V. eine Einwand-Vorbehandlung durchführt.

Tab. 4: Angebotspräsentation im Verkauf

Stufe 5-10	Anwendung im Betrieb
Stufe 5: Angebotspräsentation	Nachdem der V. das am besten passende Angebot für den K. herausgefunden hat, präsentiert er es ihm bereits in Verbindung mit einem Probetraining. Hierbei werden mit Hilfe von positiven Formulierungen die Merkmale, die Vorteile und der Nutzen des Angebots dem K. beschrieben und aufgezeigt. Der zuvor erkannte „Hot-Button" (Hauptgrund) d. Kunden wird vom V. aufgegriffen um ein positives Bild zu erzeugen und um die Sinne des K. zu aktivieren. Während dieser Stufe führt der V. den K. außerdem im Studio herum.
Stufe 6: Angebots- und Bestätigungsphase	Der V. fasst anschließend das zuvor präsentierte Angebot zusammen und verweist erneut auf den Nutzen, welcher speziell für den Kunden und seine Bedürfnisse ausgelegt ist. Hierbei werden Bestätigungs- und Suggestivfragen vom V. eingesetzt, um möglichst viele

	„Jas" des K. zu erhalten. Dies geschieht wieder am Tresen, nachdem der K. sich nach dem Probetraining geduscht und angezogen hat.
Stufe 7: Grundsatzentscheidung	In dieser Stufe möchte der V. ein grundsätzliches, und somit entscheidendes, „Ja" des K. erhalten. Um dies zu bekommen setzt er gezielte Fragestellungen ein. Ohne Erhaltung des „Jas" kann der V. nicht weiter mit dem Gespräch fortfahren und muss „zurückgehen".
Stufe 8: Preispräsentation für die Mitgliedschaft	Mit Hilfe eines Blanko-Blattes zeigt der V. dem K. deutlich und zusammengefasst die Leistungen auf, welche der K. erhalten würde und zeigt die Preisgestaltung in Relation zum Nutzen auf. Dem K. soll deutlich gemacht werden, dass er für einen kleinen Preis einen großen Nutzen erhält.
Stufe 9: Das „Ja" zur Mitgliedschaft	Hierbei werden dem K. Empfehlungen ausgesprochen. Durch den Einsatz des V. von Alternativfragen werden dem K. mehrere Optionen aufgezeigt. Ja/Nein-Fragen werden hier bewusst vom V. vermieden. Hauptziel dieser Stufe ist, dass der K. den Preis für das vorgestellte Angebot akzeptiert.
Stufe 10: Preispräsentation für das Startpaket	Das Startpaket und die darin enthaltende günstige Preis-Leistungs-Relation werden dem K. vorgestellt. Die 2. Variante des Pakets wird ebenso erwähnt. Bei beiden Angeboten wird der jeweilige Nutzen verdeutlicht um diesen als preiswert zu präsentieren.

Tab. 5: Abschluss im Verkauf

Stufe 11-13	Anwendung im Betrieb
Stufe 11: Vorabschluss	Der V. fragt nun den K. welche Variante des Angebots bzw. der Mitgliedschaft von ihm gewählt wird. Der K. kann hierbei zwischen max. drei Preiskategorien wählen. Bei dem Vorabschluss versucht der V. stets ein „Nein" des K. zu vermeiden. Es werden Alternativ- und Meinungsfragen vom V. an den K. gestellt, sowie fortschrittsorientierte Vereinbarungen mit dem K. getroffen. Des Weiteren klärt der V. welche Fragen noch offen sind. Während der Stufe achtet der V. auf eventuelle Abschlusssignale des K. und stellt ihm anschließend eine provisorische Abschlussfrage.
Stufe 12: Mitgliedschaft	Es kommt schließlich zum endgültigen Abschluss der Mitgliedschaft. Hierbei füllt der V. diese aus und erläutert sein Handeln dem K. währenddessen. Ist dies erledigt händigt der V. dem k. die Formulare aus und gibt ihm genügend Zeit sich alles in Ruhe durchzulesen. Darauffolgend bestätigt der K. seine Mitgliedschaft mit seiner Unterschrift.
Stufe 13: After-Sales-Betreuung	Dem K. wird abschließend die Entscheidung positiv vom V. bestätigt und ihm seine Mitgliedschafts-Dokumente freundlich überreicht. Es wird nach einem neuen Termin für ein Training gefragt und ihm ein Getränk angeboten. Möchte der K. gehen, verabschiedet sich der V. freundlich erwähnt den nächsten Termin noch einmal unauffällig.

Erläuterung der SPIN-Methode:

Die sogenannte SPIN-Methode befasst sich mit 4 verschiedenen Fragetechniken. Durch die Anwendung bezieht sich der Verkäufer direkt auf das Kundengespräch, da er eine Frage-Antwort-Situation bei dem Kunden hervorrufen will. Hiermit sollen dem Kunden die eigenen Probleme vor Augen geführt werden und schließlich die richtigen Lösungsansätze gefunden werden. Bei den 4 Fragetechniken handelt es sich um:

- S = Situationsfragen
- P = Problemfragen
- I = Implikationsfragen
- N = Nützlichkeitsfragen

Situationsfragen ermöglichen dem Verkäufer so viele Informationen, Zahlen und Fakten wie möglich über die Situation des Kunden herauszufinden.
Beispiele aus dem Unternehmen hierfür sind:
- „Was machen Sie beruflich?"
- „Wie alt sind Sie?"
- „Wie sieht ihr Tagesablauf in etwa aus?"

Problemfragen dienen dem Verkäufer, Schwierigkeiten und Probleme des Kunden zu erkennen. Der Verkäufer soll hierbei viele offene Fragen stellen und dem Kunden anschließend aktiv zuhören.
Beispiele aus dem Unternehmen hierfür sind:
- „Welche gesundheitlichen Besonderheiten weisen Sie auf bzw. welche Medikamente nehmen Sie derzeit regelmäßig ein?"
- „Was unternehmen Sie in ihrer Freizeit?"
- „Wie kann ich mir Ihren Beruf genauer vorstellen?"

Implikationsfragen nutzt der Verkäufer um das bestimmte Problem des Kunden diesem zu verdeutlichen und ihm anschließend das Ausmaß der Lösung auf seine Situation aufzeigt.
Beispiele aus dem Unternehmen hierfür sind:
- „Inwieweit würden ihre Schmerzen sich lindern, wenn Sie an Gewicht verlieren würden?"
- „Welche Auswirkungen hätte es, wenn Sie eine bessere Ausdauerleistung hätten?"

Nützlichkeitsfragen dienen dem Verkäufer um den Kunden weg von seinem persönlichen Problem und hin zu der dafür passenden Lösung zu führen. Dabei gilt: Je ausführlicher die Bedürfnisse des Kunden zuvor herausgefunden wurden, desto wahrscheinlicher ist Vertrags-Abschluss des Kunden.

Beispiele aus dem Unternehmen hierfür sind:

- „Wie war es für Sie, als Sie noch keine Rückenbeschwerden hatten?"
- „Wie wäre es für Sie, beschwerdefrei mit ihren Kindern spielen zu können?"
- „Stellen Sie sich vor, wieder in ihre alten Kleider zu passen. Wie wäre das für Sie?"

1.2 Angebotspräsentation

Tab. 6: Negative Formulierungen im Verkaufsgespräch und ihre positiven Alternativen

Negative Formulierungen	Positive Formulierungen
bezahlen	investieren
erst	schon
Ich komme gleich	Ich komme sofort
Ich könnte, würde	Ich kann, werde
Ihren Namen habe ich nicht richtig verstanden	Habe ich Ihren Namen richtig verstanden?
Kosten	Beitrag, Kondition
Problem	Chance, Herausforderung, Anliegen
Sie haben mich falsch verstanden	Ich habe mich unklar ausgedrückt
Umsonst	kostenlos
Unterschrift	Bestätigung

Erläuterung der Verwendung von positiven Formulierungen:

Durch das Verwenden von positiven Aussagen bzw. Worten wird der Sprachstil des Sprechenden, in dem Fall des Verkäufers, verbessert. Positive Formulierungen sind höflich, klar und direkt, was dazu führt, dass sich der Gesprächspartner wohler fühlt.

Die verbale Beziehungsebene wird gestärkt, da sich der Zuhörer, durch den Gebrauch positiver Begrifflichkeiten, besser verstanden und behandelt fühlt.

Aber auch der Sender der Mitteilung fühlt sich dadurch wohler, da die Art der Formulierungen nicht nur auf den Empfänger (Kunde) einwirkt. Somit kommt es zu einer Art Stärkung des eigenen Charakters des Senders (Verkäufer). Durch die gestärkte verbale Beziehungsebene zwischen den Gesprächspartnern werden die Inhalte des Gesprächs leichter vermittelt bzw. sich leichter vom Empfänger gemerkt. Das gesamte Verkaufsgespräch (als Beispiel) wird durch die positiven Formulierungen in eine positive Atmosphäre gelenkt, wodurch der Kunde eher bereit ist, den Kauf, in dem Fall den Vertrag, abzuschließen.

2 EA: Konzept der Selbstkonkordanz

2.1 Konzept der Selbstkonkordanz

Das Modell bzw. Konstrukt der Selbstkonkordanz wurde Elliot und Sheldon 1999 erstmals in die Literatur eingebracht. Es beschreibt das Ausmaß, inwieweit die Ziele eines Einzelnen den eigenen Wertem & Interessen entsprechen. Das bedeutet, je mehr ein Ziel diesen entspricht, desto selbstkonkordanter ist es. Nach Elliot und Sheldon ist die Selbstkonkordanz „die Eigenschaft eines persönlichen Ziels bzw. einer Zielintention" (Seelig & Fuchs, 2006, Seite 2). Eine Zielintention ist laut ihnen wiederum das Ergebnis motivationsgesteuerter Prozesse des Auswählens sowie des Abwägens zwischen unterschiedlichen, jedoch gleichzeitig vorhandenen Bedürfnissen und Wünschen (Seelig & Fuchs, 2006, Seite 2). In dem Modell der Selbstkonkordanz werden vier verschiedene Motivationsmodi beschrieben.

Bei dem ersten Modus handelt es sich um den intrinsischen Modus. Hierbei ist für das Entstehen der Zielintention kein Grund von außerhalb notwendig, da die Person die Intention aus dem eigenen Willen hat. Die Handlung wird somit ausschließlich wegen der in ihr selbst enthaltenen, eigenen Anreize getan. Das führt dazu, dass bei diesem Modus die Motivation am höchsten ist.
Beispiele für den intrinsischen Modus sind:
(Antworten auf die Frage warum eine gewisse Person Sport macht)
- „Weil Sporttreiben mir Spaß macht."
- „Weil ich mich nach dem Sport immer gut fühle."
- „Weil ich dort stets nette Leute treffe."

Der identifizierte Modus ist der zweite Modus. In diesem Modus folgt die Entscheidung ein Ziel zu verfolgen aus freien Stücken heraus und basiert somit auf der eigenen Überzeugung. Die Gründe der Zielintention werden als wichtig angesehen und stehen somit im Einklang mit dem persönlichen Werte- und Überzeugungssystem des Einzelnen.

Beispiele für den intrinsischen Modus sind:

(Antworten auf die Frage warum eine gewisse Person Sport macht)

- „Weil es gut für meine Gesundheit ist, wenn ich Sport mache."
- „Weil ich meine Figur halten oder sogar verbessern möchte."
- „Damit ich nach der Schwangerschaft wieder in meine alten Sachen passe."

Beide bisher genannten Modi werden internal beeinflusst und beruhen dementsprechend auf dem eigenen Interesse.

Der dritte Modus wird als introjizierter Modus bezeichnet. Wurden die Wertvorstellungen verinnerlicht, handelt es sich jedoch nicht um die eigenen Vorstellungen, so nennt man diesen Modus den introjizierten Modus. Die Beweggründe des Kunden stammen hierbei meist von anderen Personen wie z.B. dem Arzt, Freunden oder dem Partner. Aber auch Medien haben von außen Einfluss auf den Kunden und geben die Motivation. Wenn die Ziele des Kunden nicht erfüllt werden, entstehen somit Schuldgefühle bzw. Ängste.

Beispiele für den intrinsischen Modus sind:

(Antworten auf die Frage warum eine gewisse Person Sport macht)

- „Ich mache Sport, weil mein Arzt es mir auf Grund meiner Rückenschmerzen geraten hat".
- „Weil meine Frau mich zu dick findet."
- „Weil meine Freundin hier trainiert und mir geraten hat, auch etwas Fitness zu machen"

Der letzte Modus in diesem Modell ist der externale Modus, bei dem ein Anreiz oder Zwang von außen die Entstehung der Zielverfolgung veranlasst. Der Kunde „erhält" etwas (z.B. finanzielle Unterstützung) dafür, das Angebot wahrzunehmen. In diesem Modus ist somit die Selbstkonkordanz am geringsten.

Beispiele für den intrinsischen Modus sind:

(Antworten auf die Frage warum eine bestimmte Person Sport macht)

- „Weil mein Arbeitgeber mir die 10 Sporteinheiten bezahlt."
- „Weil meine Krankenkasse die Kurse für mich zahlt."

2.2 Transformation der Modi

1) Überführung vom externalen Modus in den introjizierten Modus

(bezogen auf regelmäßiges Training im Fitnessstudio)

Im externalen Modus wird das Mitglied nur durch äußere Einflüsse & Zwänge dazu bewegt in ein Fitnessstudio zu gehen. Beispielsweise wird ein „Sportpaket" von 10 Trainingseinheiten in einem Fitnessstudio von der Krankenkasse einer Person finanziert. Diese Person würde ohne diesen Anreiz keine Absicht haben, Sport zu machen. Um den Kunden anschließend weiter als Kunden zu halten muss die Eigenverantwortlichkeit bzw. das Problembewusstsein gesteigert oder gar erst erzeugt werden. Eine Bezugsperson, egal ob Partner, Arzt oder ein Freund muss nun Einfluss auf den Kunden haben und seine persönliche Einstellung zum Sport verändern.

2) Überführung vom introjizierten Modus in den identifizierten Modus

(bezogen auf regelmäßiges Training im Fitnessstudio)

Bei dem introjizierten Modus besitzt das Mitglied bereits ein Problembewusstsein, jedoch stimmen die Werte der Bezugsperson noch nicht mit den eigenen überein. Dies gilt es zu ändern. Das Mitglied muss die positiven Wirkungen und Vorteile der Dienstleistung (in diesem Beispiel des Fitnessangebots) vor Augen geführt bekommen um diese zu verinnerlichen. Hilfreich wäre hierbei eine Art Vorbild für den Kunden, welches realistisch zu erreichen ist. Zudem helfen kleine Teilziele als Anreize und Motivation beim Erreichen dieser. Wieder kommen in diesem Modus die Bezugspersonen ins Spiel, da diese sowohl als Unterstützer aber auch als Art „Kontrolleur" dienen. Die Selbstkontrolle sollte dabei jedoch nicht vernachlässigt werden.

3) Überführung vom identifizierten Modus in den intrinsischen Modus

(bezogen auf regelmäßiges Training im Fitnessstudio)

Im sogenannten identifizierten Modus besitzt das Mitglied ein Problembewusstsein, wobei dieses mit den eigenen Werte- und Zielvorstellungen übereinstimmt. Somit verfolgt das Mitglied ein gewisses Ziel aus der eigenen Überzeugung. Um die Selbstkonkordanz noch weiter zu erhöhen, ist es wichtig, dass das soziale Umfeld das Mitglied unterstützt. Egal ob innerhalb oder außerhalb des Fitnessstudios. Lob und individuelle Feedbacks sind hierbei von großer Bedeutung und steigern die Motivation des Kunden. Hinzu kommt das regelmäßige Training, welches zudem die persönliche Erfolgswahrscheinlichkeit steigert.

3 EA: Controlling

3.1 Kennzahlen im Verkaufscontrolling

Telefonquote:

$$\text{Telefonquote} = \frac{\text{Anzahl der vereinbarten Beratungstermine}}{\text{Anzahl der Interessentenanrufe}} \times 100\%$$

Termineinhaltungsquote:

$$\text{Termineinhaltungsquote} = \frac{\text{Anzahl der erschienenen Beratungstermine}}{\text{Anzahl der vereinbarten Beratungstermine}} \times 100\%$$

Abschlussquote:

$$\text{Abschlussquote} = \frac{\text{Anzahl der abgeschlossenen Mitgliedschaften}}{\text{Anzahl der durchgeführten Beratungen}} \times 100\%$$

Fluktuationsquote:

$$\text{Fluktuationsquote} = \frac{\text{Anzahl der Kündigungen}}{\text{Durchschnittlicher Mitgliederbestand}} \times 100\%$$

3.2 Kennzahlen im Vertrieb

November 2014:

Anzahl der Interessentenanrufe: 12

Anzahl der vereinbarten Beratungstermine: 10

Anzahl der erschienenen Beratungstermine: 10

Anzahl der durchgeführten Beratungen: 10

Anzahl der abgeschlossenen Mitgliedschaften: 8

$$\text{Telefonquote} = \frac{\text{Anzahl der vereinbarten Beratungstermine}}{\text{Anzahl der Interessentenanrufe}} \times 100\%$$

$$\text{Telefonquote} = \frac{10}{12} \times 100\%$$

Telefonquote = 83,33%

$$\text{Termineinhaltungsquote} = \frac{\text{Anzahl der erschienenen Beratungstermine}}{\text{Anzahl der vereinbarten Beratungstermine}} \times 100\%$$

$$\text{Termineinhaltungsquote} = \frac{10}{10} \times 100\%$$

Termineinhaltungsquote = 100%

$$\text{Abschlussquote} = \frac{\text{Anzahl der abgeschlossenen Mitgliedschaften}}{\text{Anzahl der durchgeführten Beratungen}} \times 100\%$$

$$\text{Abschlussquote} = \frac{8}{10} \times 100\%$$

Abschlussquote = 80%

Dezember 2014:

Anzahl der Interessentenanrufe: 11

Anzahl der vereinbarten Beratungstermine: 8

Anzahl der erschienenen Beratungstermine: 7

Anzahl der durchgeführten Beratungen: 7

Anzahl der abgeschlossenen Mitgliedschaften: 6

$$\text{Telefonquote} = \frac{\text{Anzahl der vereinbarten Beratungstermine}}{\text{Anzahl der Interessenanrufe}} \times 100\%$$

$$\text{Telefonquote} = \frac{8}{11} \times 100\%$$

Telefonquote = 72,73%

$$\text{Termineinhaltungsquote} = \frac{\text{Anzahl der erschienenen Beratungstermine}}{\text{Anzahl der vereinbarten Beratungstermine}} \times 100\%$$

$$\text{Termineinhaltungsquote} = \frac{7}{8} \times 100\%$$

$$\text{Termineinhaltungsquote} = \underline{87,5\%}$$

$$\text{Abschlussquote} = \frac{\text{Anzahl der abgeschlossenen Mitgliedschaften}}{\text{Anzahl der durchgeführten Beratungen}} \times 100\%$$

$$\text{Abschlussquote} = \frac{6}{7} \times 100\%$$

$$\text{Abschlussquote} = \underline{85,71\%}$$

Januar 2015:

Anzahl der Interessentenanrufe: 24

Anzahl der vereinbarten Beratungstermine: 22

Anzahl der erschienenen Beratungstermine: 21

Anzahl der durchgeführten Beratungen: 21

Anzahl der abgeschlossenen Mitgliedschaften: 21

$$\text{Telefonquote} = \frac{\text{Anzahl der vereinbarten Beratungstermine}}{\text{Anzahl der Interessentenanrufe}} \times 100\%$$

$$\text{Telefonquote} = \frac{22}{24} \times 100\%$$

$$\text{Telefonquote} = \underline{91,67\%}$$

$$\text{Termineinhaltungsquote} = \frac{\text{Anzahl der erschienenen Beratungstermine}}{\text{Anzahl der vereinbarten Beratungstermine}} \times 100\%$$

$$\text{Termineinhaltungsquote} = \frac{21}{22} \times 100\%$$

$$\text{Termineinhaltungsquote} = \underline{95,45\%}$$

$$\text{Abschlussquote} = \frac{\text{Anzahl der abgeschlossenen Mitgliedschaften}}{\text{Anzahl der durchgeführten Beratungen}} \times 100\%$$

$$\text{Abschlussquote} = \frac{21}{21} \times 100\%$$

$$\text{Abschlussquote} = \underline{100\%}$$

Tab. : Kennzahlen im Verkauf

	November '14	Dezember '14	Januar '15
Telefonquote	83,33%	72,73%	91,67%
Termineinhal-tungsquote	100%	87,5%	95,45%
Abschlussquote	80%	85,71%	100%

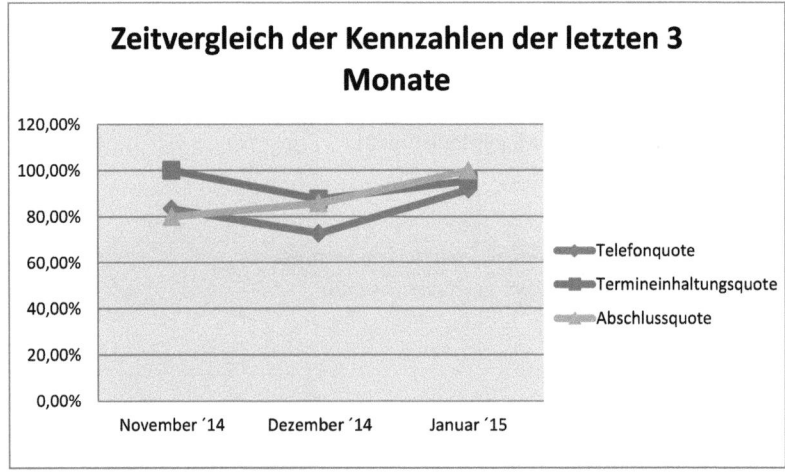

Abb. 1: Zeitvergleich der Kennzahlen der letzten 3 Monate

Beurteilung und Begründung:

Die Telefonquote war im Monat November mit 83,33% nicht sonderlich hoch, sank jedoch noch weiter im Dezember um mehr als 10 Prozentpunkte. Zum Januar hin stieg die Quote bis auf 91,67%.

Die Termineinhaltungsquote befand sich im November 2014 bei 100%, sank wiederrum zum Monat Dezember auf 87,5%. Einen erneuten Anstieg der Quote gab es im Januar, wobei der Prozentsatz auf 95,45% stieg.

Der Abschlussquotenverlauf verzeichnet einen stetigen Anstieg:

vom November '14 mit 80%, zu 85,71% im Dezember '14, bis hin zu einer Abschlussquote von 100% im folgenden Monat Januar.

Das Sinken der Telefonquote von November zu Dezember 2014 kann man mit einer häufig auftretenden „Weihnachtsfaulheit" begründen, da die Motivation und somit auch die Interessentenanzahl zu der Weihnachtszeit hin sinken. Die Menschen beschäftigen sich lieber mit Besorgungen und schieben ihre Vorsätze auf das nächste Jahr auf. Dies erkennt man schließlich im deutlichen Anstieg der Quote zum Januar hin (91,67%).

Die Leute fassen neue Vorsätze für das neue Jahr und möchten den sogenannten „Weihnachtsspeck" loswerden. Sie sind an einer Veränderung interessierter als zuvor.

Die „Weihnachtsfaulheit" spiegelt sich auch bei der Termineinhaltungsquote wieder, da die Prozentzahl von 100% im November zu 87,5% im Dezember sinkt. Die fehlende Zeit und Motivation führt zu einem häufigeren Nicht-Einhalten der vereinbarten Termine. Zudem locken Weihnachtsmärkte die meisten Leute eher als ein Fitnessstudio. Dies ändert sich wieder im Januar, da die Menschen dort eher motiviert sind etwas für ihre Fitness zu tun. Der Weihnachtsstress ist vorbei und nun will man das „Weihnachtsessen" wieder loswerden. Zudem bietet sich ein neues Jahr immer für Veränderungen an, wodurch viele Menschen sich dazu entscheiden ein Fitnessstudio zu besuchen.

Die konsequente Zunahme der Abschlussquote kann man damit ebenso begründen. Die Leute haben höhere Motivation, sind bereit für „etwas Neues" im neuen Jahr und sind somit auch eher bereit einen Fitnessvertrag zu unterzeichnen. Dies führt dazu, dass die Quote von 80% im November 2014 bis auf 100% im Januar 2015 steigt.

3.3 Fluktuationsquote

Anfangsbestand (Mitgliederzahl) Januar 2014: 1047 Mitglieder

Endbestand (Mitgliederzahl) Dezember 2014: 991 Mitglieder

Anzahl der Kündigungen: 56

$$\text{Durchschnittlicher Mitgliederbestand} = \frac{\text{Anfangsbestand 2014} + \text{Endbestand 2014}}{2}$$

$$\text{Durchschnittlicher Mitgliederbestand} = \frac{1047 + 991}{2}$$

Durchschnittlicher Mitgliederbestand = 1019 Mitglieder

$$\text{Fluktuationsquote} = \frac{\text{Anzahl der Kündigungen}}{\text{Durchschnittlicher Mitgliederbestand}} \times 100\%$$

$$\text{Fluktuationsquote} = \frac{56}{1019} \times 100\%$$

Fluktuationsquote = 5,49%

Anmerkung:

Die Fluktuationsquote des Unternehmens ist so gering, da es sich mit dieser Art von Dienstleistungsangebot um ein gegebenes Monopol (in unserer Region) handelt. Die Kombination aus personenbetreutem Fitnessstudio, Tanzschule und den Kursangeboten ist in Dessau und Umgebung nicht vergleichbar gegeben.

Änderung der Fluktuationsquote um -5%:

Fluktuationsquote $_{\text{Neu}}$ = Fluktuationsquote (alt) – Änderung der Fluktuationsquote

Fluktuationsquote $_{\text{Neu}}$ = 5,49% - 5%

Fluktuationsquote $_{\text{Neu}}$ = 0,49%

Anzahl der Kündigungen $_{\text{Neu}}$ =

$$\frac{\text{Fluktuationsquote Neu} \times \text{Durchschnittlicher Mitgliederbestand}}{100\%}$$

(sofern durchschnittlicher Mitgliederbestand = konstant)

$$\text{Anzahl der Kündigungen }_{\text{Neu}} = \frac{0,49\% \times 1019}{100\%}$$

Anzahl der Kündigungen $_{\text{Neu}}$ = 4,99

gerundet auf „ganze" Kündigungen $_{\text{Neu}}$ = 5 (4,99 bietet eher ein „Aufrunden" an)

Daraus folgt:

Zusätzliche Mitglieder = Anzahl der Kündigungen Alt – Anzahl der Kündigungen Neu

Zusätzliche Mitglieder = 56 – 5

Zusätzliche Mitglieder = 51

Bei der Änderung der Fluktuationsquote um 5% würde die Mitgliederzahl um 51 Mitglieder wachsen.

Mitgliederbestand Neu = Mitgliederbestand Alt + zusätzliche Mitglieder

Mitgliederbestand Neu = 1019 + 51

Mitgliederbestand Neu = 1070

Mehrumsatz:

Umsatz = Mitgliederbestand × Durchschnittlicher Monatsbeitrag

Umsatz Jan '14 = 1047 × 30 €

Umsatz Jan '14 = 31.410,00 €

Umsatz Dez '14 = 991 × 30 €

Umsatz Dez '14 = 29.730,00 €

$$\text{Durchschnittlicher Umsatz (im Monat)} = \frac{\text{Umsatz Jan '14} + \text{Umsatz Dez '14}}{2}$$

$$\text{Durchschnittlicher Umsatz} = \frac{31.410,00 € + 29.730,00 €}{2}$$

Durchschnittlicher Umsatz = 30.570,00 € im Monat

Durchschnittlicher Jahresumsatz = Durchschnittlicher Umsatz (im Monat) × 12 Monate

Durchschnittlicher Jahresumsatz = 30.570,00 € × 12

Durchschnittlicher Jahresumsatz = 366.840,00 €

Mehrumsatz = (Mitgliederbestand Neu × Durchschnittlicher Monatsbeitrag)

- Durchschnittlicher Umsatz

Mehrumsatz = (1070 × 30 €) – 30.570,00 €

Mehrumsatz = <u>1.530,00 € im Monat</u>

Mehrumsatz im Jahr = Monatlicher Mehrumsatz × 12 Monate

Mehrumsatz im Jahr = 1.530,00 € × 12

Mehrumsatz im Jahr = <u>18.360,00 €</u>

Der jährliche Mehrumsatz würde bei einer Steigerung der Fluktuationsquote um 5% 18.360,00 € betragen.

<u>Anmerkung:</u>

Bei jeglichen Berechnungen wurden die Ergebnisse zum vereinfachten Rechnungsverfahren bis auf zwei Stellen nach dem Komma gerundet.

4 EA: Führung, Team und Gruppen

4.1 Führungsprinzipien 1

Tab. 7: Erläuterung/ Unterschiede und Beispiele der Führungsprinzipien

	Management by Delegation	Management by Objectives	Management by Exception
Erläuterung/ Unterschiede	Führung durch Aufgaben- bzw. Verantwortungsübertragung. Dies bedeutet untergeordnete Mitarbeiter erhalten Aufgabenbereiche für die sie allein verantwortlich sind. Der Mitarbeiter darf dabei frei handeln und entscheiden. Dadurch werden Vorgesetzte von Routineaufgaben entlastet und das Mitarbeiter-Vorgesetzten-Verhältnis kann verbessert werden.	Führung durch Zielvereinbarungen, bei der eine Zielabstimmung gemeinsam zwischen Mitarbeiter und Vorgesetztem stattfindet. Der Mitarbeiter hat jedoch keinen freien Entscheidungsfreiraum wie bei dem Management by Delegation. Das Ziel wird bei diesem Prinzip stets genau durch Inhalt, Ausmaß und Zeit bestimmt.	Führung durch Abweichungskontrolle und Eingriff in Ausnahmefällen. Das bedeutet, dass der Mitarbeiter so lange selbständig handeln und entscheiden kann, bis Ausnahmesituationen entstehen oder vorgegebene Toleranzgrenzen überschritten werden. Hierbei legt die Führungsebene die Ziele und die dazugehörigen Richtlinien fest.
Beispiel aus Betrieb	Ein Mitarbeiter soll einen neuen Kurs in Richtung der Wirbelsäulengymnastik gestalten und führen.	Ein Mitarbeiter soll in den nächsten 3 Monaten die Kursauslastung seines Aerobic-Kurses um 50% steigern.	Ein Mitarbeiter soll einen Aqua-Gymnastik-Kurs mit mind. 10 und maximal 20 Teilnehmern durchführen.

21/25

4.2 Führungsprinzipien 2

<u>Management by Motivation</u>

Dieses Führungsprinzip beruht, wie der Name schon sagt, auf Motivation. Dabei soll die Leistung der Mitarbeiter durch verhaltensorientierte, nichtmonetäre Anreize verbessert werden. Voraussetzungen dafür sind sowohl ein eigener Verantwortungsbereich der Mitarbeiter, ein Mitspracherecht dieser bei der Zielbildung sowie eine Selbstkontrolle der Leistungsergebnisse. Dieses Prinzip spricht den Mitarbeiter in seinem Ziel der Selbstverwirklichung an. Lob und Danksagung, auch vor anderen Mitarbeitern dient hierbei als Motivation für den Mitarbeiter, welcher eine besonders gute Leistung zuvor erbracht hatte. Ist ein Mitarbeiter jedoch auf finanzielle Belohnung für diese außerordentliche Leistung aus, so kann dies zu Demotivation bei Nichterhaltung dieser Belohnung führen.

Ein Beispiel aus dem Betrieb für dieses Prinzip ist folgendes:

Nachdem Mitarbeiterin X bei einer Veranstaltung des Betriebs, sowohl hinter als auch vor den Kulissen sehr viel mitgeholfen hat, wird diese am Ende der Veranstaltung von ihrem Chef, dem Geschäftsleiter, öffentlich vor den Besuchern und auch Mitarbeitern für ihr Mithelfen gelobt. Ein kleines Präsent unterstützt das Zeichen der Anerkennung des Chefs.

4.3 Team und Gruppe

Bei einem Team handelt es sich, genauso wie bei einer Gruppe, um mehrere Personen. Der entscheidendste Unterschied ist hierbei, dass in einem Team alle darin enthaltenden Personen ein gemeinsames, festgelegtes Ziel verfolgen. In der Gruppe ist dies nicht der Fall, meist hat jeder Einzelne eigene Zielvorstellungen und handelt für sich selbst. In einer Gruppe ist man zudem keiner Verpflichtung bzw. Verbindlichkeit den Anderen gegenüber unterlegen. In einem Team hingegen sind gewisse gemeinsame Aufgaben bzw. Verpflichtungen für die Mitglieder bindend. Des Weiteren ist die Rollenverteilung in einem Team klar gegeben, in einer Gruppe nicht. Bei einer Gruppe ist jeder für sein Handeln selbst verantwortlich, anders in einem Team: Dort gibt es ein gemeinsames Ziel für dessen Erreichen alle Teammitglieder gleich verantwortlich sind, sofern sie sich auf der gleichen Hierarchieebene befinden.

4.4 Teams und Gruppen in der Praxis

Tab. 8: Beispiele für Team und Gruppe

	Beispiel einer Gruppe: Trainingsgruppe (trainiert stets zur gleichen Zeit zusammen in einem Fitnessstudio)	Beispiel eines Team: Arbeitskollegen-Team in einem Fitnessstudio
Ziele	Die Gruppenmitglieder (Trainierenden) haben kein gemeinsamen Ziel, sondern jeder hat ein eigenes, persönliches Trainingsziel.	Das Team der Arbeitskollegen verfolgt stets mind. ein gemeinsames, festgelegtes Ziel und arbeitet zusammen um dieses zu erreichen. Meist ist die Umsatzsteigerung des Fitnessstudios das gemeinsame Ziel.
Rollenverteilung	In einer Trainingsgruppe ist keine Rollenverteilung deutlich.	Die Mitarbeiter bzw. Teammitglieder haben klar verteilte Rollen und Aufgabengebiete, welche jedem Einzelnen bekannt sind.
Verbindlichkeiten	Es gibt keine Verbindlichkeiten der Trainierenden untereinander. Dass sie zu der gleichen Zeit trainieren, kann aus dem Zufall heraus entstanden sein	Arbeitsabläufe sind für die Mitarbeiter stets verbindlich da sie einen Arbeitsvertrag haben. Von Mitarbeiter zu Mitarbeiter können diese jedoch variieren.
Aktivität	Jeder trainiert für sich selbst und hat einen eigenen Trainingsplan nach dem er sich richtet.	Die Teammitglieder agieren stets so, dass sie zur Erreichung des Ziels aktiv beitragen.
Verantwortung	Jeder ist für sein eigenes Ergebnis verantwortlich, es gibt daher keinerlei Verantwortung den anderen Gruppenmitgliedern gegenüber.	Die Verantwortung wird in dem Arbeitskollegen-Team nach außen hin gemeinsam aufgenommen.

5 Literaturverzeichnis

Fuchs, R. & Seelig, H. (2006). *Messung der sport- und bewegungsbezogenen Selbstkonkordanz.* Zeitschrift für Sportpsychologie, 13 (4), 121-139. Zugriff am 28.01.2015. Verfügbar unter https://www.sport.uni-freiburg.de/institut/mitarbeitende/fuchs/seelig-fuchs-2006.pdf/view?searchterm=selbstkonkordanz

Jung, H. (2010). *Allgemeine Betriebswirtschaftslehre* (12. Auflage). München: Oldenbourg Wissenschaftsverlag

Schlaffke, W. & Plünnecke, A. (2014). *Studienbrief Verkaufsmanagement.* Unveröffentlichte Studienmaterialien. Saarbrücken: Deutsche Hochschule für Prävention und Gesundheitsmanagement.

6 Abbildungs- und Tabellenverzeichnis

6.1 Abbildungsverzeichnis

6.2 Tabellenverzeichnis

7 Abkürzungsverzeichnis

Tab. 9: Abkürzungsverzeichnis

Abkürzung	Bedeutung
bzw.	beziehungsweise
d.h.	das heißt
max.	maximal
mind.	mindestens
K.	Kunde
qm	Quadratmeter
V.	Verkäufer
z.B.	zum Beispiel

BEI GRIN MACHT SICH IHR
WISSEN BEZAHLT

- Wir veröffentlichen Ihre Hausarbeit,
  Bachelor- und Masterarbeit

- Ihr eigenes eBook und Buch -
  weltweit in allen wichtigen Shops

- Verdienen Sie an jedem Verkauf

Jetzt bei www.GRIN.com hochladen
und kostenlos publizieren